AF440323

DISCOURS

PRONONCÉ AUX FUNÉRAILLES

DE

M. CAMBOULIU,

Professeur de Littérature ancienne à la Faculté des Lettres de Montpellier,

LE 30 OCTOBRE 1869

PAR

A. GERMAIN

DOYEN ET PROFESSEUR D'HISTOIRE

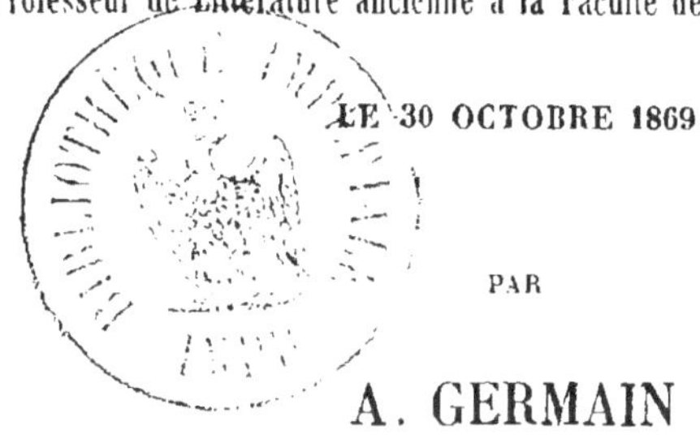

MONTPELLIER

JEAN MARTEL AÎNÉ, IMPRIMEUR DE LA FACULTÉ DES LETTRES

rue de la Blanquerie 3, près de la Préfecture.

1869

Le collègue qui reçoit ici notre suprême adieu est un des plus remarquables exemples de ce que peut faire un esprit heureusement doué avec du travail et une volonté persévérante. Il ne devait qu'à lui-même sa position.

François-Pierre-Romain Cambouliu, né le 9 août 1820 à Palalda, dans les Pyrénées-Orientales, tout près d'Amélie-les-Bains, parut d'abord destiné, comme son père, magnifique vieillard d'aujourd'hui quatre-vingt-dix-huit ans, à vivre placidement au milieu de ses montagnes. Il ne s'en éloigna guère pour ses études ; car il les fit en grande partie à l'aide d'un officieux ecclésiastique, dont il ne craignait pas d'aller pédestrement chercher les leçons à plusieurs kilomètres de son village natal, et il s'adjoignit, dans le principe, à un brave instituteur de son pays, avec lequel il semblait devoir apprendre à devenir instituteur, à son tour, au profit de ses compatriotes.

Mais Cambouliu ne tarda pas à sentir s'éveiller en lui le feu sacré d'une noble ambition. Il vint demander, en 1838, aux professeurs du chef-lieu académique le baccalauréat ; et l'obtention de ce premier grade eut pour effet de l'élever de l'instruction primaire à l'enseignement secondaire, en lui permettant de se placer, en qualité de maître d'étude, au collége de Perpignan.

J'ai, à partir de là, personnellement pu suivre ses progrès, et contribuer, avec mes collègues d'alors, à l'évolution de son talent. Combien ne nous a-t-il pas remerciés de lui avoir fait attendre sa licence jusqu'au troisième examen ! « C'est à la juste sévérité, de la Faculté des Lettres de Montpellier, — nous a-t-il souvent dit, — que je dois ma fortune universitaire. Si on m'avait reçu licencié du premier coup, je n'aurais pas aussi bien compris le besoin du travail ; et, en m'endormant dans la douce quiétude d'un succès trop facile, je me serais étiolé à l'ombre d'un collége communal. »

Cambouliu vous donnait là une grande leçon, jeunes gens, qui trouvez toujours vos examinateurs trop rigides. Il nous remerciait de l'avoir forcé à travailler davantage, et, en lui montrant quel chemin il avait encore à faire, de lui avoir préparé son avenir.

Nous nous sommes depuis vivement félicités de nous

être ainsi ménagé de loin, quoique à notre insu, un bon collègue.

On n'arrive pas, toutefois, quelque talent et quelque énergie de volonté qu'on possède, au sommet de la carrière professorale, sans avoir à gravir, le plus ordinairement du moins, les degrés de l'enseignement secondaire. Les chaires de l'enseignement supérieur, relativement peu nombreuses, n'offrent que d'assez rares occasions de s'y asseoir; et il convient d'ailleurs que le maître appelé à la délicate fonction de conférer les grades se forme dans le commerce habituel des élèves à l'art de distinguer ce qu'ils doivent rigoureusement savoir, de ce qu'il leur est encore, à leur âge, permis d'ignorer. Il n'est pas si aisé qu'on le croit de bien diriger un examen; et notre regrettable collègue a beaucoup gagné, sous ce rapport, à parcourir presque en entier le cercle de la hiérarchie universitaire : maître d'étude au collége de Perpignan en 1841, — régent de quatrième au collége de Bédarieux en 1843, — professeur de troisième au lycée de Pau en 1845, — professeur de rhétorique au lycée d'Alger en 1847, — professeur de troisième au lycée de Toulouse en 1850, quand il a voulu rentrer en France, — professeur de rhétorique au lycée de Montpellier en 1854, — censeur des études au même lycée en 1858.

Reçu licencié ès-lettres par la Faculté de Montpellier, le 3 août 1844, pendant qu'il professait au collége de Bédarieux, Cambouliu avait profité de son séjour à

Toulouse pour y prendre les deux grades de licencié en droit et de docteur ès-lettres. Il était, en outre, depuis 1847, agrégé pour les classes supérieures des lettres. Aussi parvint-il sans obstacle, en 1859, à la chaire de littérature ancienne de la Faculté des Lettres de Strasbourg. C'est de là qu'il nous est arrivé en 1862. Le décret impérial de sa nomination à la chaire de littérature ancienne de la Faculté des Lettres de Montpellier porte la date du 7 octobre de cette der-nière année.

Cambouliu nous revenait, et c'était justice : nous lui avions ouvert l'arène des hautes études. Il y avait pour lui et pour nous légitime satisfaction à ce qu'il revînt poursuivre dans notre intimité, sur le théâtre de ses précédents labeurs et de ses premiers succès, sa car-rière si bien commencée.

Hélas ! nous étions loin de soupçonner, en le recon-quérant alors, si riche de force et de santé, qu'il dût, sept ans après, succomber aux étreintes de la maladie qui vient de nous le ravir. Preuve terrible de ce qu'a de périlleux et de destructeur un régime de vie trop en désaccord avec les exigences de la nature !

Ce n'est pas que notre collègue travaillât plus qu'aucun de nous ; mais il travaillait de préférence la nuit, et il trouvait ensuite difficilement pendant le jour assez de liberté pour faire compensation à ce manque de repos indispensable. De là chez lui une sorte d'état fébrile, qu'aggravait une diversité de travaux à laquelle avait peine à suffire l'agitation perpétuelle de son esprit.

Cambouliu s'est exercé dans presque tous les genres littéraires. Après avoir commencé par des thèses doctorales sur les Femmes d'Homère, et sur la marche de l'Histoire, d'Hérodote à Bossuet : *De præcipuis historiæ incrementis, ab Herodoto usque ad Bossuetii tempora*, il se délassait de ses élucubrations sur les littératures grecque, latine ou romane, en s'égayant à crayonner des nouvelles, qu'il publiait çà et là en feuilletons. Il en donnait une encore, ces derniers jours, dans le *Messager du Midi*; et il avait, de plus, un drame en lecture à la Direction d'un théâtre de Paris.

Mais la vraie spécialité de notre collègue était la littérature romane. Ce n'est pas par pur honneur que l'Association récemment établie à Montpellier pour l'étude des langues romanes l'a nommé son président. Cambouliu avait publié en 1857, dans les Mémoires de notre Académie des sciences et lettres, un remarquable *Essai sur l'histoire de la littérature catalane*, dont, au moyen d'importantes additions, empruntées en majeure partie à la *Comedia de la gloria d'amor* de Fra Rocaberti, il avait fait un volume, qui a été jugé digne d'être traduit à Barcelone; et tout permettait d'espérer, quand la maladie est venue contrarier ses projets, qu'il aurait fini par trouver là sa voie de prédilection.

Aussi le Ministre de l'instruction publique crut-il

devoir, en 1868, décerner à Cambouliu la présidence de la Commission chargée d'examiner, à la Sorbonne, les candidats au certificat d'aptitude pour l'enseignement des langues espagnole et italienne. Il l'envoya, la même année, en Espagne s'affermir dans la connaissance des idiomes Pyrénéens ; et il l'avait de nouveau, au mois de juillet dernier, nommé président du même concours, lorsque la santé, déjà très-gravement atteinte, de notre collègue l'a contraint, à son grand regret, de décliner cet honneur.

Il y a bien peu d'hommes qui arrivent d'emblée à reconnaître leur vocation. Cambouliu n'y avait réussi qu'après d'assez longs détours. L'année de la publication de son *Essai sur l'histoire de la littérature catalane* est également celle où paraissait son *Étude sur Vauvenargues*. Deux ans auparavant c'était encore un *Essai sur la fatalité dans le théâtre grec*. Et que d'autres ébauches littéraires Cambouliu n'a-t-il pas émises postérieurement !

Mais une sorte d'instinct le ramenait toujours, malgré ses nombreuses infidélités, à ses goûts natifs. Témoin son opuscule de 1859 sur la *Renaissance de la poésie provençale à Toulouse au XIVe siècle*, et sa *Note sur les limites méridionales de la Celtique, entre les sources de la Garonne et la Méditerranée*, lue à la Sorbonne, en novembre 1861, devant le Comité impérial des travaux historiques et des sociétés savantes. Témoin aussi ses *Recherches sur les origines étymologiques de* *l'idiome catalan*, insérées en 1863 et 1864 dans nos Mémoires académiques de Montpellier. Témoin également les articles qu'il envoyait par intervalles à diverses Revues, concernant la littérature romane, et, en dernier lieu, ses efforts pour l'organisation d'une Société destinée à en encourager l'étude dans notre Midi.

Cambouliu, néanmoins, était dans sa chaire professeur de littérature ancienne. Il l'était non-seulement à Montpellier, mais à Perpignan, où il a fait, durant l'espace de trois ans, quatre conférences vivement applaudies, dont la première seule a été publiée en entier. Il l'était surtout par son rôle d'examinateur à la Faculté. Nous avions en lui un excellent collègue, un ami sûr et dévoué, très-agréable dans les relations intimes, honnête, loyal dans l'accomplissement de ses devoirs, sachant se plier aux exigences d'un travail parfois excessif. Quel vide ne laissera-t-il pas parmi nous ! Quel deuil dans sa famille, dans le cœur de sa digne épouse, si heureuse et si fière de lui, de ses deux enfants, qu'il allait falloir initier aux soins les plus sérieux de la vie, de ses frères qu'il aimait tant, de son vieux père, dont il était l'orgueil, et à qui il semblait devoir fermer les yeux !

Cambouliu s'est éteint dans la force même de l'âge, au moment où il paraissait mûr pour ses meilleurs travaux. Il est mort hier 29 octobre, dans le troisième mois de sa cinquantième année, victime de trop de confiance dans l'énergie primordiale de son tempérament. Il y avait près de cinq ans qu'il était officier de l'instruction publique ; et l'Académie des sciences et lettres de Montpellier se joint à moi pour regretter en lui son président.

Pleurons-le, Messieurs, pleurons l'excellent collègue, le généreux ami qui nous échappe. Mais profitons de son exemple pour ne jamais faire violence à la nature ; car la nature tient ses lois de Dieu même,

Par bonheur, Dieu est indulgent. Il le sera particulièrement pour notre collègue, qui n'a pas voulu mourir sans lui consacrer ses dernières pensées. «Heureux les morts qui meurent dans le Seigneur ! »

Adieu Cambouliu ! Adieu, très-cher ami !

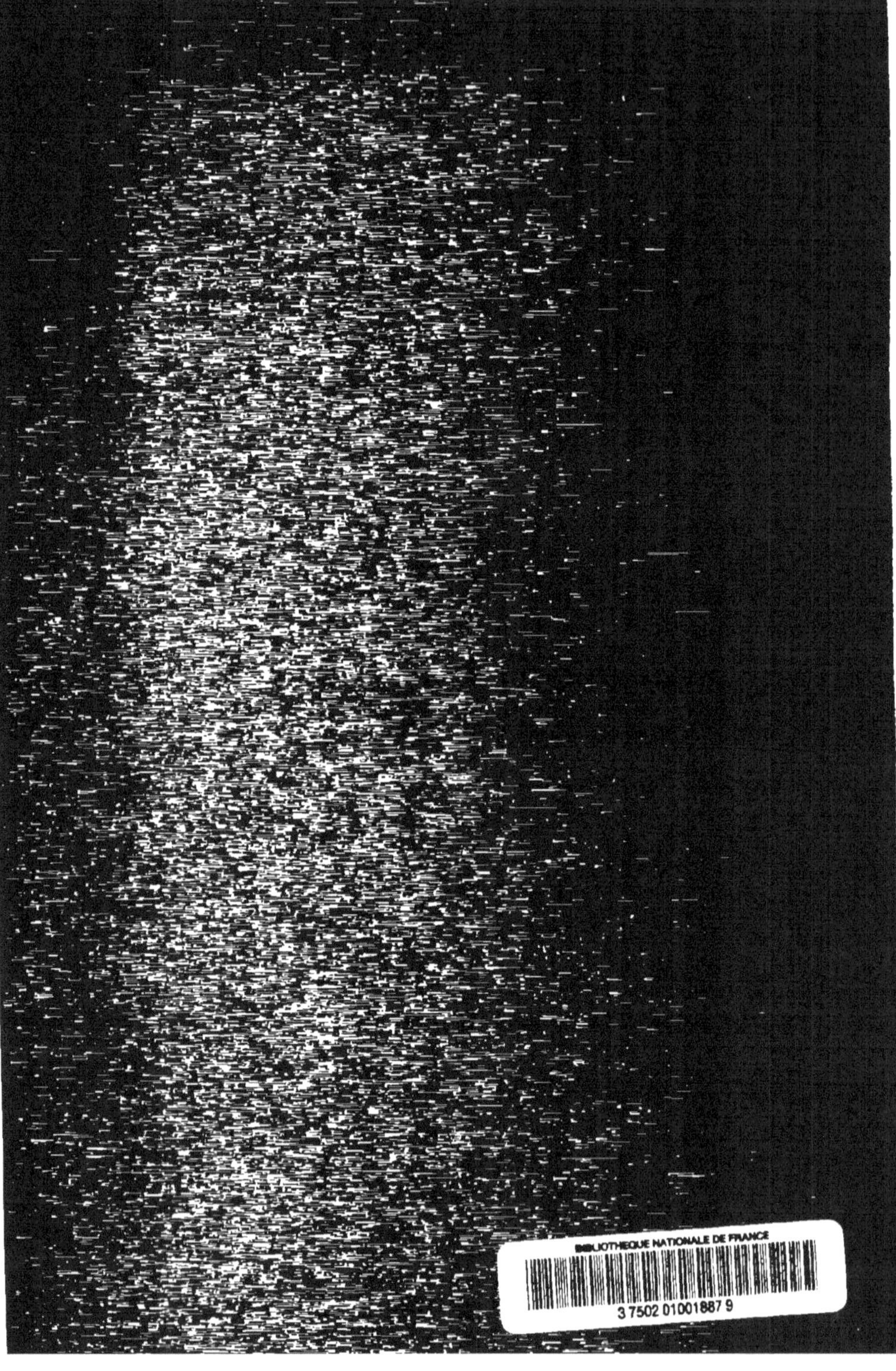